Cornelia Donth-Schäffer,
Stephanie Kollatz-Block,
Ute Kühn

Piri

Schreiblehrgang S-95

mit Füllfeder-Führerschein

www.oebv.at

Inhalt

Vorschwungübungen 3
Vergleich 4
i u 5
n m 6
r p 7
c o 8
a d 9
e 10
l b 11
Übungsseite 12

h k 13
f 14
s 15
T t 16
F H 17
A M N 18
Übungsseite 19

g j 20
z 21
I J 22
C O G 23
E S 24
L 25
Übungsseite 26

K R 27
D P B 28
v V 29
w W 30
U Y y 31
Z 32
Übungsseite 33

Sch sch 34
tz 35
Ö ö Ü ü 36
Ä ä Äu äu 37
ß 38
Qu qu 39
X x 40
Übungsseite 41

Füllfeder-Führerschein 42

Schreibe.

Markiere den Besten.

Verbinde.

Male aus.

Male an.

1 Schreibe weiter.

1 Verbinde die gleichen Wörter.

Ball	Sonne	Dose	Auto
Maus	Ball	Löwe	Tasse
Katze	Roller	Tasse	Dose
Sonne	Maus	Auto	Hexe
Roller	Katze	Hexe	Löwe

2 Verbinde die gleichen Sätze.

Wir gehen in die Schule.	Ich lerne schreiben.
Ich lerne schreiben.	Piri ist ein Wiesel.
Piri ist ein Wiesel.	Die Kinder spielen gern.
Die Kinder spielen gern.	Wir gehen in die Schule.

3 Sammle Unterschriften in deiner Klasse.

1 Schreibe.

i i

u u

i i

u u

2 Mache ein Sternchen unter den Besten.

i i i i i
*

u u u u
*

3 Spure nach.

ich und du

du und ich

4 Male i und u an.

Piri will immer

alles genau

untersuchen.

Er ist neugierig.

1 Schreibe.

n n n n n n n n

m m m m m m m m

n n

m m

in in

im im

um um

nun nun

2 Mache ein Sternchen unter den Besten.

3 Ergänze in Schreibschrift.

Lotta ist ________ Auto.

Die Katze ist ________ der Kiste.

Piri rennt ________ den Baum.

1 Schreibe.

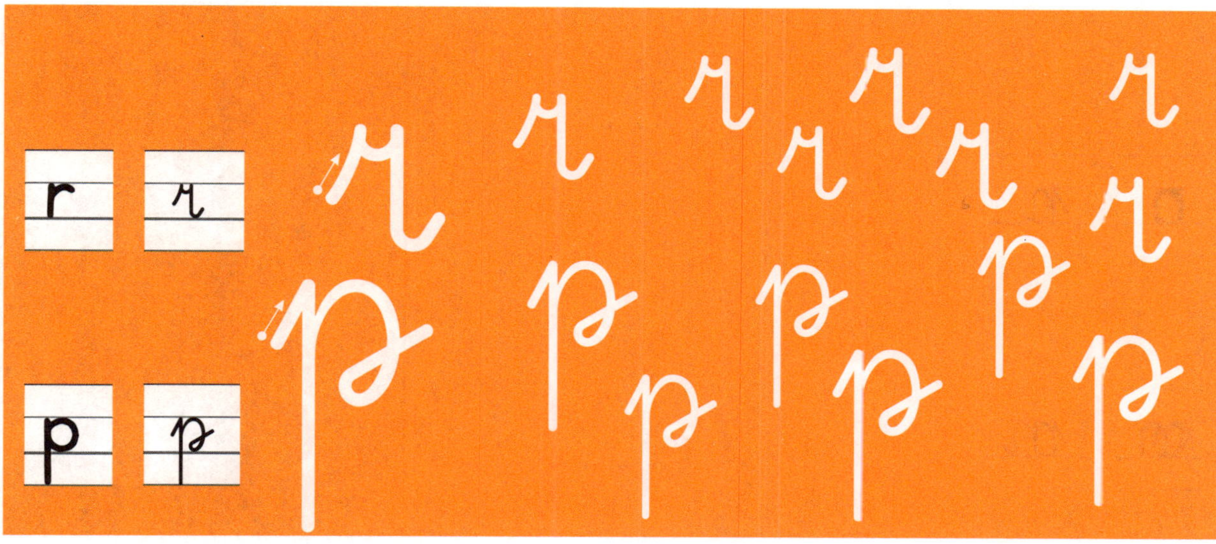

2 Mache ein Sternchen unter den Besten.

3 Male die gleichen Buchstaben in der gleichen Farbe an.

1 Schreibe.

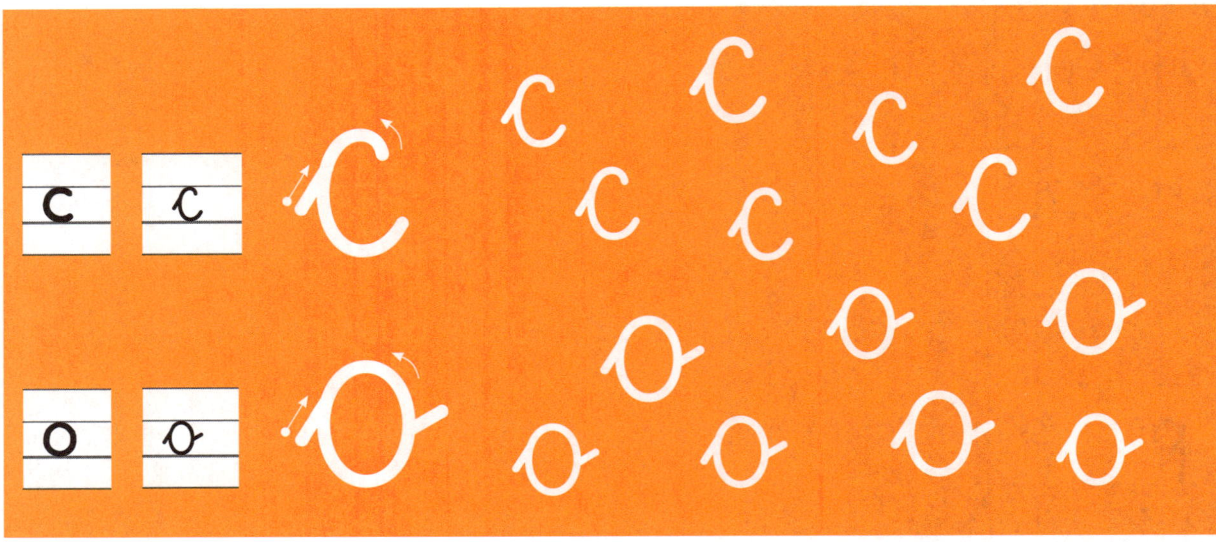

2 Mache ein Sternchen unter den Besten.

3 Male das Bild in den entsprechenden Farben aus.
c: rot, o: blau, r: gelb, m: braun, u: orange, i: schwarz.

1 Schreibe.

a a
d d

a a
d d
an an
dir dir
darum

2 Mache ein Sternchen unter den Besten.

3 Übertrage in Schreibschrift.

und

rund

am

dann

1 Schreibe.

e e

e e

ei ei

ein

nein

ie

die

meine

2 Mache ein Sternchen unter den Besten.

3 Ergänze in Schreibschrift.

Verwende die Wörter ein | eine | der | die

Haus

Hase

Maus

Nase

1 Schreibe.

l l

b b

l

b

lieb

blau

lila

malen

2 Mache ein Sternchen unter den Besten.

3 Übertrage in Schreibschrift.

rodeln

loben

bellen

rollen

baden

bald

Üben

1 Übertrage die Buchstaben in Schreibschrift.

i	u	n	m	p	r	c	o	a	d	e	l	b

2 Schreibe.

b a b a   b e b e   b i b i

ba   bauen

be   beben

bi   bin

r e r e   r o r o   r u r u

re   reden

ro   rodeln

ru   rudern

3 Schreibe.

le   leben

li   lieben

lo   loben

1 Schreibe.

h h

ch ch

k k

ck ck

heben

kann

2 Mache ein Sternchen unter den Besten.

3 Schreibe. Male ch und ck an.

kochen

lachen

hocken

backen

packen

hacken

1 Schreibe.

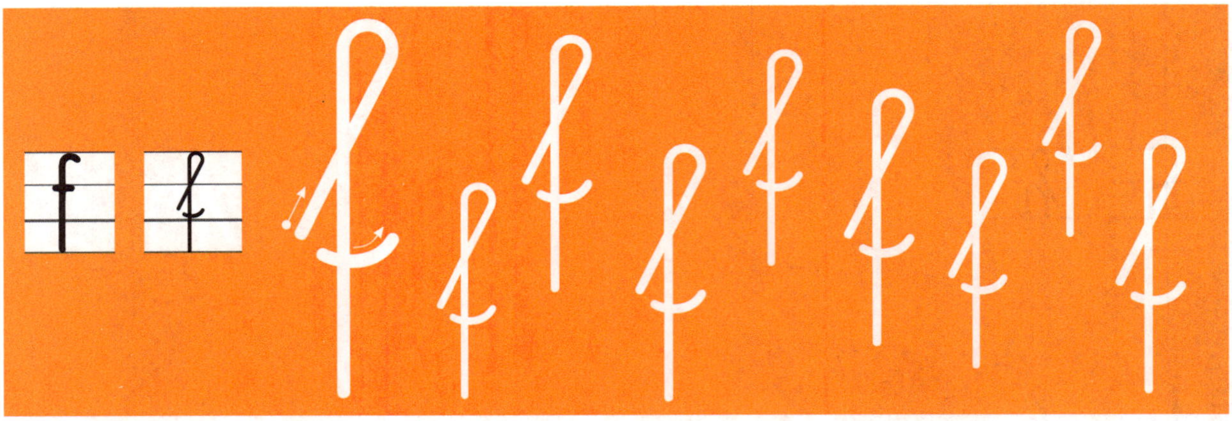

f
fein
fallen
froh
feiern
hoffen

2 Mache ein Sternchen unter den Besten.

3 Reime.

binden | laufen | fallen

finden | knallen | kaufen

Schreibe so:

binden –

1 Schreibe.

s s

das

so

suchen

rosa

nass

lassen

2 Mache ein Sternchen unter den Besten.

3 Übertrage in Scheibschrift.

essen	lesen
spielen	sonnen
schlafen	schreiben

1 Schreibe.

T T

t t

T

t

Tee

Torte

ist

tauchen

2 Mache ein Sternchen unter den Besten.

3 Übertrage in Schreibschrift.

Tante Tina trinkt eine Tasse Tee.
Tim trommelt laut.

1 Schreibe.

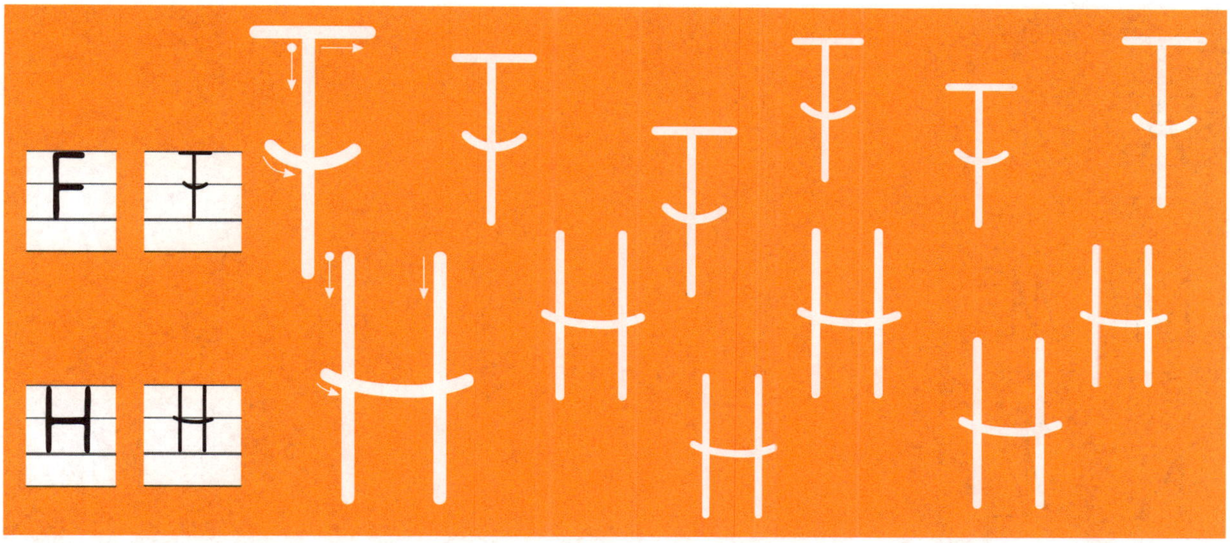

Floh

Fest

Heft

Hut

2 Mache ein Sternchen unter den Besten.

3 Übertrage in Schreibschrift.

Heidi und der Hund Fips leben im Haus.

1 Schreibe.

A A A A A A A
M M M M M M M
N N N N N N N

A A
M M
N N
Affe
Auto
Maus
Note

2 Mache ein Sternchen unter den Besten.

3 Ein Wort passt nicht in den Mond.
Schreibe es auf.

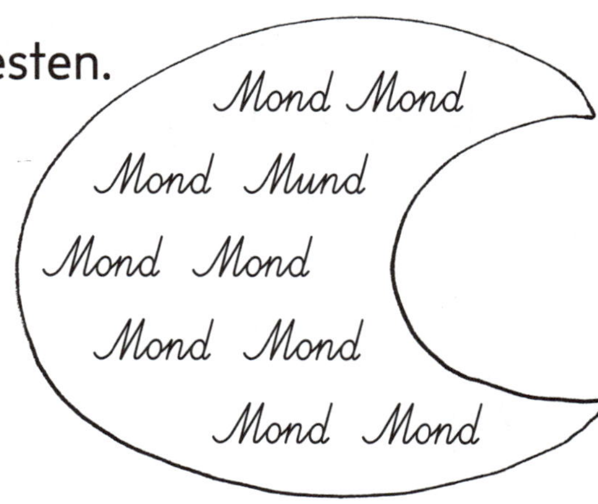

1 Schreibe die Wörter in die Tabelle.

stehen sprechen stellen

spielen stempeln spuken

sp	st

2 Bilde Sätze. Übertrage in Schreibschrift.

Piri

kauft eine Blume.

sucht eine Trommel.

hat eine Feder.

1 Schreibe.

g g

j j

g g

j j

gelb

jagen

joggen

2 Mache ein Sternchen unter den Besten.

3 Sind die Sätze richtig? Schreibe *ja* oder *nein*.

	ja	nein
Im Unterricht fliegen die Kinder.		
In jedem Wald gibt es Tiere.		
Der Marienkäfer hat blaue Punkte.		
Ich freue mich auf die Ferien.		

1 Schreibe.

Z z

z z

zu zu

zum

Herz

spitz

kurz

2 Mache ein Sternchen unter den Besten.

3 Ergänze die fehlenden Wörter. Schreibe.

Im Zirkus zaubern zehn Zauberer zehn tanzende Zebras herbei.

Zirkus

Zauberer

Zebras

1 Schreibe.

Insel

Iglu

Jo-Jo

Juli

2 Mache ein Sternchen unter den Besten.

3 Übertrage in Schreibschrift.

Jedes Jahr im Juni rudert Igel Igor auf eine Insel.

1 Schreibe.

C C
O O
G G

C C C C C
O O O O O
G G G G G

C C
O O
G G
Comic
Obst
Geige
Giraffe

2 Mache ein Sternchen unter den Besten.

3 Schreibe.

1 Schreibe.

Esel

Sofa

2 Mache ein Sternchen unter den Besten.

3 Bilde Sätze. Übertrage in Schreibschrift.

	Elefant	piepst.
Ein	Spatz	trabt.
	Esel	trompetet.

1 Schreibe.

L L

L

Lupe

Lampe

Licht

Leiter

2 Mache ein Sternchen unter den Besten.

3 Schreibe den richtigen Satz zum Bild.

Schlangen kriechen auf dem Boden.
Lamas trinken Limo in der Sonne.

Üben

1 Schreibe.

Jaguar

Jagd

jung

Juni

joggen

gehen

geben

giftig

Garten

Gras

Lesebuch

Juli

2 Reime und schreibe.

1 Schreibe.

K K

R R

K K

R R

Karte

Regen

2 Mache ein Sternchen unter den Besten.

3 Verbinde und schreibe zum richtigen Bild.

Kind

Kette

Ring

Raupe

Ruine

1 Schreibe.

D D D D D D D D

B B B B B B B B

P P P P P P P P

D D

B B

P P

Dose

Ball

Piri

2 Mache ein Sternchen unter den Besten.

3 Übertrage in Schreibschrift.

Dach

Brot

Pilz

Birne

1 Schreibe.

v
V
viel
Vater

2 Mache ein Sternchen unter den Besten.

3 Was siehst du auf dem Bild? Schreibe.

einen

eine

einen

einen

1 Schreibe.

w w

W W

wann

wer

Wald

Wind

2 Mache ein Sternchen unter den Besten.

3 Wie viele sind es?

1 Schreibe.

U u

Y y

y y

U U

Uhu

Uhr

Y y

Yak

Baby

2 Mache ein Sternchen unter den Besten.

3 Verbinde die Silben zu Wörtern.
Übertrage in Schreibschrift.

Yo	ny
Po	ga

1 Schreibe.

Z z

Z Z

Zoo

Zahn

Ziel

2 Mache ein Sternchen unter den Besten.

3 Schreibe.

4 Übertrage in Schreibschrift.

Im Zirkus zaubern zehn Zauberer zehn tanzende Zebras herbei.

1 Schreibe.

2 Bilde Wörter. Übertrage in Schreibschrift.

ver < kaufen / laufen

vor < lesen / stellen

3 Übertrage in Schreibschrift.

Viele Vögel bleiben im Winter hier.
Sie bekommen Vogelfutter von mir.
Mein Vater hat ein Vogelhaus gebaut.

1 Schreibe.

Sch Sch Sch Sch Sch

sch sch sch sch sch

Sch Sch

sch sch

Schule

Tisch

Tasche

2 Mache ein Sternchen unter den Besten.

3 Übertrage in Schreibschrift.

In unserer Schulklasse gibt es viele Tische.
Neben den Tischen stehen unsere Schultaschen.

1 Schreibe.

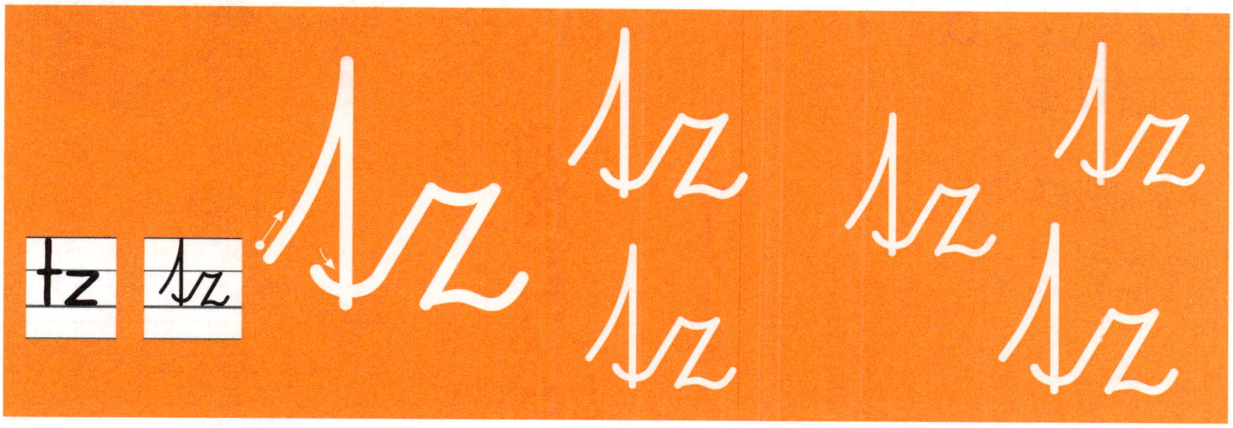

tz tz

Katze

Tatze

Glatze

2 Mache ein Sternchen unter den Besten.

3 Setze die Wörter richtig ein.

Glatze	flitzen	Witz	Tatzen

Der Mann hat eine ______.

Die Mäuse ______.

Der Bub erzählt einen ______.

Die Katze hat große ______.

Ö Ö ö ö Ü Ü ü ü Ö ö Ü ü

1 Schreibe.

Ö ö Ö ö

Öl

schön

Ü ü Ü ü

Übung

üben

müde

2 Mache ein Sternchen unter den Besten.

3 Schreibe.

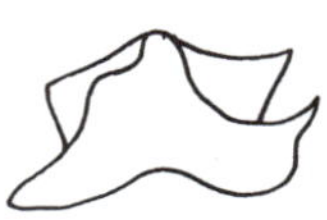

Tuch

Tüchlein

Buch, Büchlein, Torte, Törtchen

Ä Ä ä ä Äu Äu äu äu

1 Schreibe.

Ä ä Ä ä

Äu äu Äu äu

Ärmel

Äpfel

Äste

Käse

träumen

2 Mache ein Sternchen unter den Besten.

3 Aus au wird äu. Schreibe.

 das Haus 

 die Maus 

 der Traum 

 der Baum 

 der Ast 

1 Schreibe.

ß ß

ß

Fuß

Grüße

2 Mache ein Sternchen unter den Besten.

3 Finde das Gegenteil. Schreibe es auf.

groß süß fleißig

heiß weiß

sauer

klein

kalt

faul

schwarz

1 Schreibe.

Qu Qu Qu Qu Qu

qu qu qu qu qu

Qu Qu

Quelle

qu qu

quer

2 Mache ein Sternchen unter den Besten.

3 Übertrage in Schreibschrift.

Frösche quaken. Schweine quieken.
Reifen quietschen. Kinder quengeln.

1 Schreibe.

X x

X

x

Xylofon

Hexe

2 Mache ein Sternchen unter den Besten.

3 Übertrage in Schreibschrift.

Taxi

Boxer

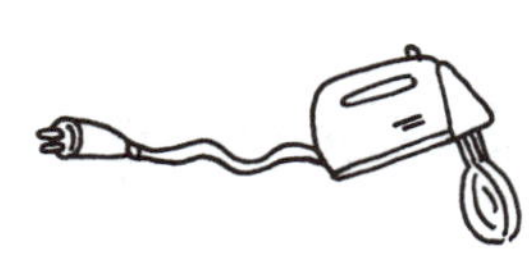

Mixer

4 Bilde lustige Sätze. Schreibe in dein Heft.

	kleine		Buttermilch.
Die	große	Hexe hext	weiße Mäuse.
	böse		grüne Frösche.

1 Übertrage in Schreibschrift.

Qu	Ö	ß	ü	Ä	äu	x	Ü	qu	ö	X	Sch	sch

2 Welcher Satz passt zum Text? Suche aus und schreibe.

Max lässt Maro nicht beim Fußball mitspielen.

Lotta möchte endlich essen.

Tülins Freunde können nicht kommen.

Tülin ist traurig. Die Tränen laufen über ihr Gesicht.
Der Vater tröstet sie.

Maro ist wütend. Er möchte boxen und mit den Füßen treten.
Die Mutter fragt: „Worüber ärgerst du dich?“

Lotta quengelt. Sie möchte lieber süße Törtchen essen.
Sie wirft den Löffel hin. Mutter wird böse.

Das kannst du schon:

Du drückst beim Schreiben nicht zu fest auf.	☺ 😐 ☹
Du kannst Linien nachspuren.	☺ 😐 ☹
Du kannst Muster weiterzeichnen.	☺ 😐 ☹
Du kannst Wörter ordentlich in die Zeilen schreiben.	☺ 😐 ☹
Du kannst Sätze ordentlich in die Zeilen schreiben.	☺ 😐 ☹
Du kannst sauber schreiben.	☺ 😐 ☹

Du hast den Füllfeder-Führerschein bestanden und darfst jetzt in deinen Heften mit deiner Füllfeder schreiben.

______________ (Stempel) ______________

Datum Unterschrift

Füllfeder-Führerschein

Name: ______________________

Klasse: ______________________

Deine Füllfeder

Schau dir dein Schreibgerät zuerst einmal genau an.

Hat es eine Feder 

oder einen Rollkopf? 

Falls du eine Füllfeder mit Feder hast, darfst du damit nicht zu fest aufdrücken, da sich die Feder sonst verbiegt und nicht mehr gut schreiben kann.

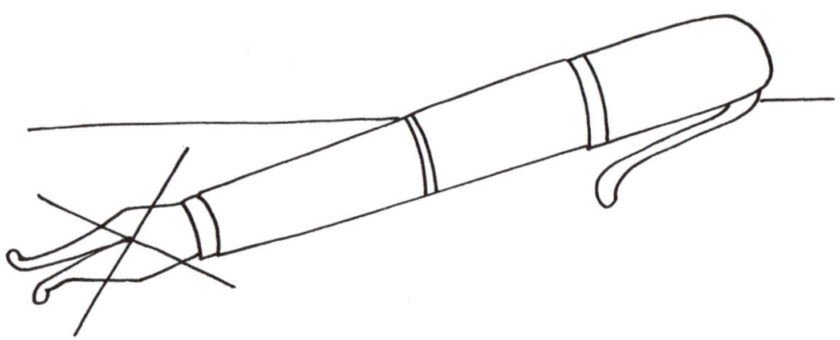

Kannst du damit schon deinen Namen schreiben?

Ein Gedicht

Schreibe ein Gedicht in deiner schönsten Schrift.

Wie geht Piris Geschichte weiter?

Schreibe.

Wie kommt die Maus zum Käse?

Zeige der Maus den Weg.

Nachspuren und fortsetzen

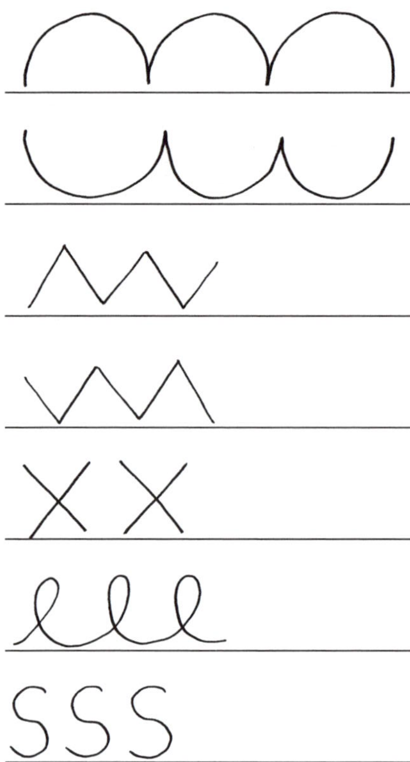

Finde eigene Muster.

Sätze bilden

	läuft	in das Wasser.
Piri	springt	auf der Straße.
	hüpft	in der Pause.

Im Zoo

Schreibe.

Nachspuren und fortsetzen

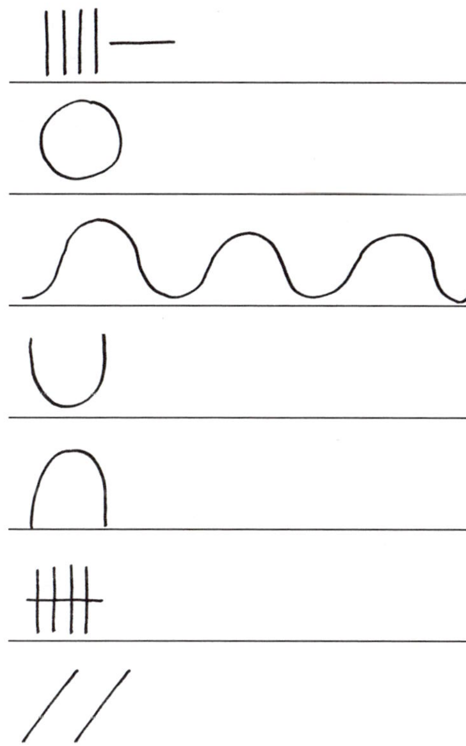

Finde eigene Muster.

Mein Füllfeder-Abc

A a

B b

C c

D d

E e

F f

G g

H h

I i

J j

K k

L l

M m

N n

O o

P p

Qu qu

R r

S s

T t

U u

V v

W w

X x

Y y

Z z